MENTIR POUR REUSSIR

Le pouvoir de la manipulation

Claude HAJOS

Claude HAJOS a également écrit

Ecriture

- Comment écrire un roman
- Comment écrire un ebook
- Comment écrire un article
- Comment écrire une nouvelle
- Comment écrire une pièce de théâtre
- Comment écrire un scénario
- Comment écrire son autobiographie
- Comment écrire une biographie

Immobilier

- Les erreurs dans l'immobilier – Les erreurs des acheteurs, des vendeurs et des professionnels
- Formation promotion immobilière – Stratégie pour se lancer dans la promotion immobilière
- Formation commerciale conseil en gestion de patrimoine
- Formation commerciale pour agents, négociateurs et mandataires en immobilier
- Comment bien choisir son réseau de mandataires
- Cinq méthodes pour booster votre activité de CGP
- Vendre de l'immobilier de prestige
- Comment booster votre activité d'agent, de négociateur ou de mandataire en immobilier
- Construire sa maison – Le guide pratique
- La vente en VEFA – Stratégie pour vendre de l'immobilier neuf
- Comment créer sa propre agence immobilière
- 52 exercices pour devenir le n°1 de l'immobilier
- LA formation immobilière – Stratégie avec exercices

Romans et fictions

• Le Politicard tome 1 (*Les aventures complètement loufoques de Coco Chanoune*)
• Le Politicard tome 2 (*Y a-t-il un candidat dans la salle ?*)
• Le Politicard tome 3 (*Recherche Modjo désespérément*)
• Le Politicard tome 4 (*Vos gueules les mouettes !*)
• Le Politicard tome 5 (*Chaud devant à Brégançon*)
• Le Politicard tome 6 (*Boycott*)
• Le Politicard tome 7 (*Madame Irma*)
• Le Politicard tome 8 (*Bakchich*)
• J'aime tous les Juifs sauf ma mère...
• Deux pieds dans la chambre, un pied dans la tombe tome 1 (*Le contrat*)
• Deux pieds dans la chambre, un pied dans la tombe tome 2 (*L'exécution*)
• Deux pieds dans la chambre, un pied dans la tombe tome 3 (*Coup de théâtre*)
• Meurtres au Club Med tome 1 (*Macabre découverte*)
• Meurtres au Club Med tome 2 (*Panique à bord*)
• Meurtres au Club Med tome 3 (*Investigations*)
• Les gogos tome 1 (*Limit-up & limit-down*)
• Les gogos tome 2 (*Appel de marge*)
• Les gogos tome 3 (*Cash*)
• Comment arrondir ses fins de mois volume 1
• Comment arrondir ses fins de mois volume 2
• Comment arrondir ses fins de mois volume 3
• Les chroniques de Raoul volume 1
• Les chroniques de Raoul volume 2
• Les chroniques de Raoul volume 3
• Les chroniques de Raoul volume 4

*
*   *

• Poker gagnant – La vraie méthode
• La solution à tous vos problèmes
• Histoires drôles et... Très drôles !
• Mentir pour réussir – Le pouvoir de la manipulation

*
*   *

MENTIR POUR REUSSIR

Le pouvoir de la manipulation

Prologue...8

Introduction...12

La manipulation en politique...............................14

Le pouvoir de la manipulation..............................28

La psychologie de la manipulation 33

Manipulation dans l'histoire.................................41

Manipulation dans les médias..............................48

Manipulation dans le marketing et la publicité.............55

Conséquences de la manipulation.........................61

Stratégies pour contrer la manipulation.................67

Conseils pratiques pour développer une pensée critique.............70

Conseils pratiques pour résister à la manipulation 75

Les forces mentales 80

Conclusion 82

Prologue

Avant de nous lancer et histoire de mieux vous imprégner dans la suite de mon ouvrage, il me paraît utile d'avoir quelques exemples de personnages, lesquels en leur temps, ont fait la une des journaux.

Alors, autant il est difficile de connaitre avec certitude les personnes n'ayant jamais menti de toute leur vie, autant les exemples contraires sont beaucoup plus nombreux.

En effet, connaître avec certitude si une personne a réussi sans jamais mentir de toute sa vie n'est pas chose aisée, tout simplement parce que la vérité et l'honnêteté sont des aspects personnels qui peuvent être difficiles à évaluer.

*

*   *

Cependant, il existe des individus qui sont reconnus pour leur intégrité et leur succès.

Voici quelques exemples de personnalités françaises qui sont souvent associées à l'honnêteté et qui ont connu le succès dans leurs domaines respectifs.

Jacques Delors, ancien homme politique français et président de la Commission Européenne. Du reste, Jacques Delors est souvent cité pour son intégrité et son engagement envers l'Union Européenne.

Albert Jacquard, célèbre généticien et essayiste. Albert Jacquard était connu pour ses opinions franches et ses prises de position éthiques. Il a également été impliqué dans des activités humanitaires.

Marie Curie, scientifique de renommée mondiale, est une figure emblématique de l'intégrité scientifique et de la réussite. Elle a du reste été la première femme à remporter deux prix Nobel dans deux domaines scientifiques différents.

Antoine de Saint-Exupéry, auteur du célèbre livre « Le Petit Prince », était connu pour sa profondeur et son honnêteté intellectuelle dans ses écrits.

Bernard Arnault, homme d'affaires et l'une des personnalités les plus riches de France, a bâti son succès en développant des entreprises dans l'industrie du luxe. A ce sujet, il est souvent associé à une approche entrepreneuriale éthique.

Yann Arthus-Bertrand, photographe et réalisateur, est impliqué dans des projets environnementaux et humanitaires. Il est réputé pour son engagement envers la protection de la planète.

Simone Veil, femme politique et militante française, est largement respectée pour son engagement en faveur des droits des femmes et de la justice sociale.

*

* *

A contrario, voici quelques exemples de personnalités françaises célèbres qui sont connues pour avoir menti dans différents contextes.

Ferdinand de Lesseps, célèbre ingénieur français, est connu pour avoir mené la construction du canal de

Suez. Toutefois, il a également été impliqué dans le scandale du canal de Panama. En effet, il a exagéré les performances du projet et a utilisé d'habiles tactiques manipulatrices pour attirer les investisseurs.

Dominique Strauss-Khan, ancien directeur général du FMI (fonds monétaire international) et célèbre homme politique français, a été impliqué dans plusieurs scandales. En 2011, il a été accusé d'agression sexuelle à New York, ce qui a suscité un grand retentissement médiatique et des spéculations sur sa version des faits.

Jérôme Kerviel, un ancien trader qui a été impliqué dans l'un des plus grands scandales financiers de l'histoire, lorsque des pertes massives ont été découvertes à la Société Générale, en raison de ses activités de trading risquées. A l'époque, il avait menti sur ses opérations pour masquer les pertes.

François Fillon, ancien Premier Ministre de la République et homme politique de premier plan. Il a été impliqué dans un scandale concernant l'emploi fictif présumé de son épouse en tant qu'assistante parlementaire. Bien qu'il ait nié les allégations de manière répétée, il a finalement été inculpé.

Jacques Chirac, ancien Président de la République Française, a été condamné pour détournement de fonds publics et abus de confiance liés à son temps en tant que Maire de Paris. Il a été reconnu coupable d'avoir créé des emplois fictifs à la mairie pour financer son parti politique.

Robert Boulin, ancien ministre de la République, a été impliqué dans un scandale de corruption et de financement politique illégal. Il a été retrouvé mort en 1979 dans des circonstances suspectes. Sa mort a été initialement déclarée comme un suicide malgré des allégations de meurtres.

Alain Juppé, ancien Premier Ministre de la République Française, a été reconnu coupable de prise illégale d'intérêts dans le cadre d'un scandale d'emplois fictifs à la Mairie de Paris. Il a été condamné à une peine de prison avec sursis.

Jérôme Cahuzac, ministre du budget à l'époque de François Hollande et particulièrement connu pour ses mensonges concernant ses comptes à l'étranger.

Thomas Thévenoud, ancien Secrétaire d'Etat à l'époque de François Hollande et bien connu pour son allergie aux impôts. Pour cela, il a tenté de minimiser l'affaire en prétendant avoir des problèmes administratifs avec sa déclaration de revenus.

Stéphane Richard, ancien PDG d'Orange, qui a été impliqué dans des enquêtes concernant l'affaire Tapie / Crédit Lyonnais où des soupçons de manipulations et de mensonges ont été soulevés dans le contexte d'un règlement judiciaire.

Jean-Claude Romand, un criminel qui a prétendu être médecin pendant des années alors qu'il n'avait jamais obtenu de diplôme en médecine. Il a également menti sur d'autres aspects de sa vie et a commis des meurtres pour cacher ses mensonges.

*

*   *

Introduction

Dans un monde où l'information est abondante et les influences multiples, la manipulation émerge comme un phénomène omniprésent, capable de façonner nos perceptions et nos destins.

De la politique à la publicité, en passant par les médias sociaux, la manipulation s'est imposée comme un outil puissant pour atteindre des objectifs, parfois au prix de la vérité et de l'éthique.

Mon ouvrage explore les mécanismes, les implications et les conséquences de la manipulation, tout en remettant en question la notion que mentir pourrait être nécessaire pour réussir.

En fait, la manipulation n'est pas seulement l'apanage des individus sournois et des escrocs.

Elle est ancrée dans la psychologie humaine, exploitant des biais cognitifs et émotionnels pour influencer les choix et les croyances.

Lorsque des individus s'efforcent de convaincre, de séduire ou de persuader, ils utilisent souvent des techniques subliminales qui touchent nos points faibles et nos désirs les plus profonds.

Ces méthodes, bien qu'elles puissent sembler insidieuses, mettent en lumière la fragilité de nos processus de prise de décision et notre vulnérabilité face à la manipulation.

L'histoire regorge d'exemple où la manipulation a joué un rôle crucial dans la réussite de dirigeants et de mouvements.

De la propagande politique des régimes totalitaires à la manipulation de l'opinion publique lors de conflits mondiaux, la manipulation a démontré sa capacité à déterminer le cours des événements.

Cependant, ces succès sont souvent éphémères et l'Histoire montre que la vérité finit généralement par émerger, exposant les mensonges et les motivations cachées.

Aujourd'hui, la manipulation a trouvé de nouveaux terrains d'expression, notamment dans les médias numériques et le marketing.

Les plateformes de médias sociaux offrent des moyens sans précédent de cibler des publics spécifiques et de diffuser des informations biaisées ou fausses.

Les campagnes de désinformation en ligne ont mis en lumière les vulnérabilités de nos sociétés connectées, où la vérité est parfois noyée dans un flot de contenus trompeurs.

Ceci étant, mon objectif n'est pas de diaboliser la manipulation mais plutôt de susciter une réflexion profonde sur ses implications.

Peut-on vraiment réussir en utilisant des mensonges et des manipulations ou existe-t-il une voie alternative où l'intégrité et l'éthique sont au cœur de la réussite ?

La question est posée et je vais tenter d'y répondre.

La manipulation en politique

Il est important de noter que le terme « manipulateur » est subjectif et peut-être interprété de différentes manières en fonction des opinions politiques et des points de vue personnels.

Cependant, voici quelques présidents de la République Française qui ont été critiqués pour leur style de gouvernance ou des actions perçues comme manipulatrices pour certains.

Charles de Gaulle

Bien qu'il soit largement respecté pour son rôle dans la résistance pendant la Seconde Guerre mondiale et sa contribution à l'Histoire de la France, certains ont critiqué son style de leadership autoritaire pendant sa présidence.

En effet, il a été élu président de la République française en 1958 et a dirigé le pays jusqu'en 1969.

Son style était marqué par plusieurs caractéristiques qui ont suscité des critiques de la part de certains de ses contemporains et de commentateurs ultérieurs.

Autoritarisme : De Gaulle avait tendance à prendre des décisions de manière autonome et à exercer un contrôle important sur le gouvernement et les institutions. Certains ont perçu cela comme une concentration excessive du pouvoir exécutif, ce qui a été critiqué pour son autoritarisme.

Référendums : De Gaulle a utilisé fréquemment les référendums pour obtenir un mandat direct du peuple, contournant ainsi le Parlement. Certains ont vu cela comme une manipulation de la démocratie représentative et une manière de renforcer son propre pouvoir.

Crise de Mai 1968 : pendant les événements de Mai 1968, une vague de contestation sociale et étudiante a secoué la France. La manière dont De Gaulle a géré la crise, en annonçant une dissolution de l'Assemblée nationale et en appelant à de nouvelles élections, a été critiquée par certains qui ont vu cela comme une tentative de manipulation politique pour rester au pouvoir.

Réforme institutionnelle : De Gaulle a également cherché à réformer les institutions françaises, notamment en introduisant le suffrage universel direct pour l'élection du président. Certains ont vu ces réformes comme visant à renforcer sa propre position.

Il est important de noter que Charles de Gaulle est également largement respecté pour son rôle dans la résistance pendant la Seconde Guerre mondiale, sa contribution à la reconstruction de la France après la guerre et son rôle dans la stabilité politique de la Cinquième République.

Cependant, son style présidentiel autoritaire a été un sujet de débats et de critiques au cours de sa présidence.

En voici quelques exemples.

Crise constitutionnelle de 1961 : en 1961, De Gaulle a organisé un référendum pour réformer la Constitution et accroître les pouvoirs du président. Cette réforme a été critiquée par ceux qui la voyaient comme une tentative d'accroître son pouvoir personnel. Le général a menacé de démissionner si le référendum était rejeté, ce qui a été perçu par certains comme une manipulation pour forcer l'approbation.

Utilisation fréquente de l'article 16 : pendant la crise de Mai 1958, De Gaulle a utilisé l'article 16 de la Constitution pour prendre le contrôle du gouvernement en invoquant des "pouvoirs exceptionnels". Il a réutilisé cet article lors des crises de l'Algérie en 1961 et en 1962. Certains critiques ont vu dans ces actions une concentration excessive du pouvoir présidentiel.

Dissolution de l'Assemblée Nationale en 1968 : lors des manifestations de Mai 1968, De Gaulle a annoncé la dissolution de l'Assemblée nationale et a organisé de nouvelles élections législatives. Cette décision a été perçue par certains comme une tentative de contourner la crise en renforçant sa position politique.

Style présidentiel très personnel : Charles de Gaulle avait tendance à prendre des décisions importantes de manière autonome, avec une communication minimale. Son style personnel de gouvernance a été critiqué par ceux qui estimaient que cela ne favorisait pas la transparence ni la responsabilité gouvernementale.

Il est important de noter que ces critiques ne sont pas partagées par tout le monde et De Gaulle reste une figure historique importante en France, largement respectée pour sa contribution à la résistance pendant la Seconde Guerre mondiale et son rôle dans la rédaction de la Constitution de la Cinquième République.

Cependant, ces exemples illustrent comment son style de leadership a été débattu et critiqué à l'époque.

Georges Pompidou

Il a été Président de la République Française de 1969 à 1974 après la démission du général de Gaulle en 1969.

Son style de gouvernance a également suscité des critiques et des controverses.

Certains ont critiqué son approche de la politique et de la prise de décision, la jugeant parfois manipulatrice.

Cependant, il est important de noter que les opinions sur les présidents et leur style de leadership, peuvent varier en fonction des points de vue politiques et des analyses historiques. De ce fait, elles sont souvent sujettes à débat.

Pendant son mandat, il a été confronté à plusieurs critiques et controverses liées à son style de leadership et à sa politique.

En voici quelques exemples.

Gestion de la crise de Mai 68 : La crise de Mai 1968 en France a été l'une des périodes les plus tumultueuses de son mandat. Certains critiques ont reproché à Pompidou d'avoir adopté une approche jugée autoritaire pour mettre fin aux manifestations et aux grèves, notamment en appelant à des élections législatives anticipées. Cette décision a été vue par certains comme une manœuvre pour renforcer sa position politique.

Relations avec le Général de Gaulle : En tant que successeur de Charles de Gaulle, Pompidou a été confronté au défi de gérer l'héritage de son prédécesseur. Il a été critiqué par certains pour ne pas avoir suffisamment préservé la vision gaulliste et pour avoir pris des distances avec certaines politiques de De Gaulle.

Politique économique et sociale : Pendant son mandat, Pompidou a dû faire face à des problèmes économiques, notamment une inflation croissante et des tensions sociales. Sa politique économique a été critiquée par certains pour ne pas avoir résolu efficacement ces problèmes, ce qui a contribué à des grèves et à des mouvements sociaux.

Style présidentiel : Certains ont critiqué son style, le jugeant réservé et distant, ce qui a pu donner l'impression d'un manque d'engagement ou de réactivité face aux problèmes.

Il est important de noter que Georges Pompidou a également été salué pour certaines réalisations pendant sa présidence, notamment dans les domaines de l'éducation et de la recherche scientifique.

Valéry Giscard d'Estaing

Il a été Président de la République Française de 1974 à 1981. Comme ses prédécesseurs, son style de gouvernance et ses décisions ont fait l'objet de débats et de critiques de la part de certains observateurs politiques.

Certaines personnes ont pu apercevoir son approche politique comme manipulatrice ou critiquer sa gestion de certaines questions importantes.

Politique économique et sociale : pendant son mandat, Giscard d'Estaing a fait face à des défis économiques, notamment une inflation élevée et des taux de chômage croissants. Sa politique économique, qui comprenait des mesures de rigueur budgétaire et une réduction des dépenses publiques, a été critiquée par certains pour son impact sur les couches sociales les plus vulnérables de la société.

Scandales politiques : sa présidence a été entachée par plusieurs scandales, dont l'un des plus célèbres a été l'affaire des diamants de Bokassa, impliquant des cadeaux coûteux de l'empereur centrafricain Jean-Bédel Bokassa à Giscard d'Estaing. Cette affaire a suscité des inquiétudes quant à l'éthique de la politique étrangère française et à l'utilisation des ressources de l'État.

Relations avec le Parlement : Giscard d'Estaing a dû composer avec une majorité parlementaire complexe, ce qui a parfois rendu difficile la mise en œuvre de ses réformes. Certains critiques ont estimé qu'il avait du mal à rassembler une majorité stable et à obtenir le soutien nécessaire pour ses projets.

Style très personnel : son style personnel a également été l'objet de critiques. Il était perçu par certains comme distant et arrogant, ce qui a pu contribuer à son image de président élitiste.

Réforme institutionnelle : Giscard d'Estaing a tenté de réformer certaines institutions françaises, notamment en proposant une réduction du mandat présidentiel de sept à cinq ans. Cependant, cette réforme a échoué lors d'un référendum en 1981, ce qui a été perçu comme une défaite majeure pour sa présidence.

En fin de compte, l'opinion sur la présidence de Valéry Giscard d'Estaing est mitigée, avec des points de vue positifs et négatifs. Certains le considèrent comme un président réformateur et visionnaire, tandis que d'autres le critiquent pour sa gestion de l'économie et sa perception de déconnexion avec les préoccupations de la population. Comme pour tous les présidents, les évaluations politiques varient en fonction des points de vue et des intérêts individuels.

François Mitterrand

Le Président Mitterrand, Président de la République de 1981 à 1995, a été accusé par certains de pratiquer une politique de « double discours » en tenant des positions contradictoires sur diverses questions, ce qui a alimenté des critiques sur sa sincérité et sa manipulation politique.

En voici quelques exemples.

L'Europe et l'intégration européenne : Mitterrand a été critiqué pour sa gestion des questions européennes. Alors qu'il soutenait publiquement l'intégration européenne, il a également été accusé d'avoir adopté des positions contradictoires en coulisses, parfois en freinant l'intégration ou en cherchant à protéger les intérêts nationaux français. Cette ambivalence a suscité des inquiétudes quant à sa sincérité dans la poursuite de l'objectif européen.

Economie et politique fiscale : Mitterrand a été élu en 1981 avec un programme économique de gauche, mais son gouvernement a dû faire face à des problèmes économiques importants, notamment une inflation élevée et des déficits budgétaires. Pour résoudre ces problèmes, il a finalement opté pour des politiques de rigueur économique, ce qui a suscité des critiques de ceux qui estimaient qu'il avait fait volte-face sur ses promesses électorales.

Relations avec le Parti Communiste : Mitterrand était le premier président de gauche de la Cinquième République et dépendait du soutien du Parti communiste français pour obtenir une majorité parlementaire. Il a été accusé de maintenir une relation ambiguë avec ce parti, en critiquant publiquement certaines de ses positions tout en continuant de s'appuyer sur son soutien politique.

Ces exemples montrent comment François Mitterrand a été critiqué pour avoir adopté des positions apparemment contradictoires sur des questions clés, ce qui a alimenté des doutes sur sa sincérité politique et a conduit à des accusations de manipulation politique.

Cependant, il est important de noter que les opinions sur son mandat et sa politique restent diverses, et certains soutiennent toujours sa contribution à la vie politique française.

Nicolas Sarkozy

Il a surtout été critiqué pour son style parfois impulsif et pour sa capacité à créer des polémiques pour détourner l'attention de certains sujets.

Certains l'ont même qualifié de manipulateur politique. Sans citer de noms car cela n'entre pas dans l'objet de la présente, cela fait référence à des critiques et des perceptions qui ont été exprimées par des observateurs politiques, des opposants politiques, des journalistes et diverses personnalités publiques.

La perception de Nicolas Sarkozy en tant que manipulateur politique découle de divers éléments de son style de gouvernance et de sa communication politique.

Certains critiques ont fait valoir que sa rhétorique et son approche de la politique pouvaient parfois être interprétées comme visant à influencer l'opinion publique de manière stratégique, voire à détourner l'attention de certains sujets par le biais de déclarations provocantes ou de polémiques. Cependant, il est important de noter que ces opinions varient en fonction des points de vue politiques et des interprétations individuelles de ses actions et de sa communication politique.

Voici un développement succinct sur la présidence de Nicolas Sarkozy et les critiques qui ont entouré son style de leadership et ses décisions politiques pendant son mandat de 2007 à 2012.

Style présidentiel controversé : Nicolas Sarkozy était connu pour son style de leadership énergique et parfois provocateur. Il a été critiqué pour sa tendance à adopter un ton confrontant dans le discours politique, ce qui a pu polariser la société française.

Réformes économiques et sociales : l'une des principales critiques de la présidence de Sarkozy a porté sur ses réformes économiques et sociales. Son gouvernement a mis en œuvre des mesures de réduction des impôts et de flexibilisation du marché du travail, ce qui a été favorablement accueilli par certains, mais critiqué par d'autres pour son impact potentiel sur la sécurité de l'emploi et les inégalités.

Gestion de la crise financière : Sarkozy a été président pendant la crise financière mondiale de 2008.

Sa gestion de la crise et ses mesures de sauvetage bancaire ont été sujettes à des critiques de ceux qui estimaient qu'il avait favorisé les intérêts des grandes institutions financières au détriment des contribuables.

Politique étrangère : sa politique étrangère, en particulier ses relations avec certains dirigeants étrangers, a été controversée. Son approche de la diplomatie a parfois été critiquée pour sa tendance à privilégier les intérêts français de manière assertive.

Affaires personnelles : il a été impliqué dans plusieurs enquêtes judiciaires et scandales pendant et après son mandat présidentiel, dont l'affaire Bettencourt et l'affaire libyenne. Ces affaires ont nui à son image et ont été source de préoccupations concernant l'intégrité politique.

Immigration et identité nationale : Sarkozy a abordé la question de l'immigration et de l'identité nationale de manière controversée. Certains ont critiqué sa rhétorique sur ces questions, la qualifiant de divisive et de populiste.

Réactions aux manifestations et aux mouvement sociaux : pendant son mandat, Sarkozy a dû faire face à plusieurs mouvements sociaux et manifestations, notamment contre sa réforme des retraites en 2010. Certains ont critiqué sa gestion de ces mouvements, l'accusant de ne pas avoir écouté les préoccupations des citoyens.

Il est important de noter que Nicolas Sarkozy a également été apprécié par certains pour sa fermeté et son engagement dans certains domaines, tels que la sécurité intérieure.

Comme pour tout président, les opinions sur son mandat varient en fonction des points de vue politiques et des interprétations individuelles de ses actions et de son style de leadership.

François Hollande

Certains ont reproché au Président Hollande d'avoir promis des choses qu'il n'a pas pu tenir lors de sa campagne électorale, ce qui a suscité des critiques sur sa sincérité politique pendant son mandat présidentiel de 2012 à 2017, en particulier en ce qui concerne les promesses électorales non tenues.

Promesses électorales non tenues : François Hollande a été élu président en 2012 avec des promesses électorales importantes, notamment la promesse de renégocier le pacte budgétaire européen pour y inclure des mesures de croissance, la création de 60 000 postes d'enseignants, la réduction du chômage et la lutte contre les inégalités sociales. Cependant, au fil de son mandat, il a dû faire face à des réalités économiques et politiques qui ont rendu difficile la réalisation de certaines de ces promesses. Par exemple, le chômage a continué d'augmenter au cours de ses premières années au pouvoir, ce qui a suscité des critiques quant à sa capacité à tenir ses engagements.

Manque de communication : certains critiques ont estimé qu'il n'a pas réussi à communiquer de manière efficace sur les défis auxquels il était confronté et sur les raisons pour lesquelles certaines de ses promesses n'ont pas pu être tenues. Son style de communication a été perçu par certains comme manquant de clarté et de conviction, ce qui a contribué à l'image d'un président hésitant.

Division au sein de son propre parti : pendant son mandat, François Hollande a dû faire face à des divisions au sein de son propre parti, le Parti socialiste. Certains membres du parti ont critiqué sa politique économique et sociale, arguant qu'elle n'était pas en ligne avec les idéaux traditionnels du parti, ce qui a contribué à la perception d'une certaine insincérité politique.

Popularité en baisse : la popularité de François Hollande a connu une baisse significative au cours de son mandat, ce qui a renforcé les critiques sur sa capacité à diriger efficacement et à réaliser ses promesses électorales. Sa cote de confiance parmi les électeurs a atteint des niveaux historiquement bas à certains moments de sa présidence.

Il est important de noter que les critiques concernant la sincérité politique de François Hollande sont liées à des facteurs politiques, économiques et sociaux complexes et qu'elles varient en fonction des points de vue politiques et des interprétations individuelles.

Tout président est soumis à des contraintes et à des réalités qui peuvent rendre difficile la réalisation de toutes les promesses de campagne, ce qui peut susciter des critiques sur leur sincérité politique.

Emmanuel Macron

Il est devenu Président de la République Française en mai 2017.

Son style de leadership et ses actions politiques ont également été sujets à des débats et des critiques de la part de diverses personnes et groupes.

Certaines critiques ont porté sur sa communication, son approche des réformes ou encore sa gestion des manifestations et des mouvements sociaux.

Voici quelques exemples des principales critiques qui ont entouré son style de leadership et ses actions politiques depuis son élection en mai 2017.

Communication et style personnel : Emmanuel Macron est souvent critiqué pour son style de communication jugé distant et parfois arrogant par certains. Certains lui reprochent d'avoir du mal à se connecter avec les citoyens ordinaires et de paraître élitiste dans sa rhétorique.

Réformes économiques et sociales : l'une des principales critiques de Macron porte sur ses réformes économiques et sociales, notamment la réforme du marché du travail, la réduction des dépenses publiques, et la réforme des retraites. Si certaines de ces réformes ont été applaudies par les partisans de la libéralisation économique, elles ont également suscité des manifestations massives et des grèves, avec des critiques affirmant qu'elles fragilisent les droits des travailleurs et augmentent les inégalités.

Gestion des manifestations et des mouvements sociaux : la manière dont Macron a géré les manifestations et les mouvements sociaux a été sujette à des critiques. Certains ont accusé son gouvernement de recourir à la répression excessive lors de manifestations, ce qui a suscité des préoccupations concernant les libertés civiles.

Immigration et identité nationale : la politique d'Emmanuel Macron en matière d'immigration et d'identité nationale a également été controversée. Certains le critiquent pour son approche de la question migratoire, qu'ils considèrent comme incohérente, et pour son discours sur l'identité nationale, qu'ils jugent ambigu.

Economie et inégalités : Macron a été critiqué pour son image de président des riches, en partie en raison de sa réforme fiscale qui a réduit l'impôt sur la fortune. Certains accusent son gouvernement de favoriser les élites économiques au détriment des classes populaires.

Politique étrangère : sa politique étrangère, notamment son approche des relations avec d'autres pays européens, a également suscité des débats. Certains le voient comme un défenseur de l'intégration européenne, tandis que d'autres l'accusent de négliger les intérêts nationaux français.

Popularité fluctuante : la popularité d'Emmanuel Macron a connu des hauts et des bas au cours de son mandat, avec des taux d'approbation qui ont varié en fonction de l'évolution des événements et des politiques mises en œuvre

Les critiques et les débats autour de son style de leadership et de ses politiques reflètent les diverses perspectives politiques et les enjeux complexes auxquels la France est confrontée.

*

*   *

Le pouvoir de la manipulation

La manipulation est une force omniprésente et subtile qui s'infiltre dans les rouages de nos interactions quotidiennes, façonnant des décision qui influencent notre vie.

A première vue, le terme lui-même peut évoquer des images de complots sombres ou de tromperie délibérée, mais il s'agit d'une force beaucoup plus complexe et polyvalente.

Dans cet ouvrage, je vais vous plonger dans l'étude approfondie de la manipulation en tant qu'outil pour atteindre le succès, en explorant ses mécanismes, ses manifestations historiques et modernes, ainsi que les dilemmes moraux qu'elle soulève.

A la croisée de la psychologie, de la communication et de la sociologie, la manipulation se déploie comme un ensemble de stratégies habiles visant à influencer le comportement, les opinions et les émotions d'autrui.

Elle peut être délibérée ou inconsciente, se manifestant dans des interactions informelles ou au sein de mécanismes plus complexes, tels que la politique et le marketing.

Elle peut prendre la forme de discours persuasif, de désinformation soigneusement conçue ou même d'exploitation des peurs et des aspirations de ceux que l'on cherche à influencer.

L'idée même que la manipulation puisse être un moyen de réussir soulève des questions fondamentales sur la nature même du succès.

Par exemple, est-ce que la réussite obtenue grâce à des moyens manipulatifs est véritablement durable et gratifiante ?

Pour certains, l'utilisation de tactiques de manipulation peut sembler être le moyen le plus court vers le succès, permettant de contourner des obstacles et d'atteindre des objectifs en apparence inaccessibles.

Pourtant, il est crucial d'examiner attentivement les conséquence à long terme de telles méthodes.

Dans les pages qui vont suivre, j'examinerai divers aspects de la manipulation dans son contexte.

J'analyserai les mécanismes psychologiques qui rendent les individus réceptifs à la manipulation et qui offrent aux manipulateurs un avantage stratégique.

J'examinerai également les retombées historiques, des régimes politiques autoritaires aux intrigues diplomatiques, où la manipulation a été utilisée pour consolider le pouvoir et influencer les masses.

Enfin, j'observerai les manifestations contemporaines de la manipulation à l'ère numérique, où les informations peuvent être fabriquées et diffusées à l'échelle mondiale en un instant.

Tout au long de mon ouvrage, je vous invite à considérer les aspects moraux et éthiques de la manipulation comme un outil pour atteindre le succès.

Du reste, je vous encourage à réfléchir à la manière dont l'intégrité personnelle et la responsabilité sociétale s'inscrivent dans nos choix pour parvenir à nos objectifs.

Et surtout, gardez bien à l'esprit que la question fondamentale n'est pas seulement de savoir si l'on peut réussir en utilisant des mensonges, mais bien de savoir si le succès obtenu est vraiment digne de nos aspirations les plus nobles.

En effet, à l'ère de l'information instantanée et de l'hyperconnectivité, la manipulation s'est érigée en tant que phénomène d'une pertinence fondamentale dans notre société contemporaine.

Son omniprésence a généré un débat animé sur la manière dont elle façonne nos vies et influence les dynamiques socio-économiques et politiques.

Désormais, la manipulation ne se limite plus aux manigances des coulisses mais se manifeste ouvertement dans les médias, la publicité et les sphères du pouvoir.

Son impact s'étend sur plusieurs facettes de la société.

Au niveau individuel, les médias sociaux, avec leur flux incessant d'informations et d'opinions, lui ont créé un terrain fertile.

En effet, les gens sont exposés à des contenus conçus pour susciter des réactions émotionnelles, favorisant ainsi la propagation de l'indignation et de la désinformation.

En conséquence de quoi, les individus peuvent se retrouver influencés par des messages persuasifs, sans même s'en rendre compte, ce qui peut altérer leurs jugements et leurs choix.

Par exemple, dans le monde des affaires, la manipulation est souvent employée comme un moyen de maximiser les profits et de gagner un avantage concurrentiel.

Les entreprises utilisent ainsi des stratégies de marketing trompeuses pour attirer les consommateurs, en faisant miroiter des avantages irréalistes de leurs produits ou services.

Bien que ces techniques puissent initialement stimuler les ventes, elles peuvent par la suite éroder la confiance des consommateurs et nuire à la réputation de l'entreprise à long terme.

Sachez que les institutions politiques ne sont pas non plus immunisées contre l'influence de la manipulation.

Par exemple, les campagnes politiques modernes s'appuient souvent sur des messages ciblés et des discours soigneusement construits pour persuader les électeurs.

En conséquence de quoi, les éléments de désinformation et les attaques personnelles peuvent déformer les débats politiques, sapant ainsi la crédibilité des systèmes démocratiques.

Cependant, l'importance du thème de la manipulation ne réside pas uniquement dans ses effets négatifs.

L'étude de la manipulation peut également renforcer la pensée critiques des individus et les rendre plus résilients face à ces manœuvres.

En comprenant les mécanismes sous-jacents de la manipulation, les individus peuvent apprendre à reconnaître les signaux d'alerte et à remettre en question les informations douteuses.

En somme, l'exploration de la manipulation dans notre société actuelle offre un aperçu de la manière dont l'information et le pouvoir peuvent être utilisés pour influencer les comportements et les perceptions.

En déconstruisant ce phénomène complexe, nous sommes mieux équipés pour naviguer dans un monde saturé d'informations pour pouvoir prendre des décisions éclairées, tout en encourageant des pratiques plus éthiques et transparentes dans tous les domaines de la vie.

*

*   *

La psychologie de la manipulation

Au cœur de l'art subtil de la manipulation se trouvent les complexités de la psychologie humaine.

Comprendre comment les individus pensent, réagissent et prennent des décisions est essentiel pour ceux qui cherchent à influencer les autres.

Dans cette section, je vais vous plonger dans les mécanismes psychologiques qui rendent la manipulation si efficace, tout en explorant les biais cognitifs et les émotions qui nous rendent vulnérables à ces tactiques.

L'une des raisons pour lesquelles la manipulation peut réussir est enracinée dans les biais cognitifs, des raccourcis mentaux qui nous permettent de traiter rapidement et efficacement l'énorme quantité d'informations à laquelle nous sommes quotidiennement confrontés.

Cependant, ces raccourcis peuvent également nous rendre vulnérables à la manipulation.

Le biais de confirmation, par exemple, nous pousse à chercher des informations qui confirment nos croyances existantes, ce qui rend plus probable que nous acceptons des idées manipulatrices qui correspondent à nos opinions préconçues.

Les émotions jouent un rôle majeur dans notre prise de décision et les manipulateurs en sont bien conscients.

Des émotions comme la peur, le désir d'appartenance et le besoin d'approbation peuvent être utilisées pour influencer nos choix.

C'est ainsi que l'usage judicieux de l'émotion peut déclencher des réactions impulsives, empêchant une réflexion rationnelle. C'est la raison pour laquelle les manipulateurs les exploitent, pour créer des connexions et obtenir une adhésion.

L'autorité est un facteur puissant qui peut être exploité pour persuader les individus de faire quelque chose qu'ils n'auraient peut-être pas envisagé autrement.

Les figures d'autorité, qu'elles soient des experts, des leaders politiques ou des personnalités publiques, ont le pouvoir de convaincre simplement en raison de leur position.

Du coup, les manipulateurs n'hésitent pas à utiliser cette dynamique pour inciter les autres à agir en fonction de leurs directives.

La réciprocité, l'idée que nous sommes enclins à retourner une faveur lorsque quelqu'un nous a fait un geste aimable, peut être utilisée comme un levier de manipulation.

En offrant quelque chose de valeur, même de manière subtile, les manipulateurs peuvent susciter un sentiment de dette chez autrui, qui peut ensuite être utilisé pour obtenir ce qu'ils veulent.

De plus, l'engagement une fois obtenu, peut être exploité pour encourager les individus à poursuivre dans une direction particulière, même si cela va à l'encontre de leurs intérêts initiaux.

En comprenant ces mécanismes psychologiques, les individus peuvent développer une plus grande résistance à la manipulation.

En apprenant à reconnaître les tactiques courantes et à examiner de près leurs propres réactions, ils peuvent prendre des décisions plus informées et autonomes.

En fait, la psychologie de la manipulation nous rappelle que la conscience de soi et une pensée critique, sont des boucliers puissants contre les tentatives de persuasion mal intentionnées.

En fait, au cœur de la manipulation réside une compréhension profonde de la psychologie humaine.

Les manipulateurs habiles ont appris à exploiter les mécanismes mentaux qui façonnent nos perceptions et nos décisions.

En examinant ces bases psychologiques, nous pouvons mieux comprendre pourquoi certaines tactiques de manipulation réussissent et pourquoi les individus sont souvent vulnérables à la persuasion.

Nos cerveaux sont constamment à la recherche de moyens d'économiser de l'énergie et de prendre des décisions rapidement.

C'est là que les automatismes mentaux ou les raccourcis cognitifs entrent en jeu.

Ces processus de pensée simplifiés nous aident à traiter rapidement l'information sauf qu'ils nous rendent également vulnérables à la manipulation.

Ce qui fait que les manipulateurs exploitent ces automatismes en présentant des informations de manière à déclencher des réactions émotionnelles plutôt que des réflexions rationnelles.

Tout simplement parce que les gens ont tendance à se sentir plus à l'aise avec ce qui leur est familier.

Du reste, les manipulateurs savent bien que l'introduction d'éléments familiers dans leur discours ou leur argumentaire, peut créer un sentiment de connexion.

C'est la raison pour laquelle les publicités utilisent souvent cette technique en utilisant des visages connus ou des éléments culturels familiers, pour établir rapidement un lien avec le public, de manière à les rendre plus réceptifs aux messages manipulatifs.

Les émotions jouent un rôle central dans la prise de décision.

En effet, les manipulateurs exploitent cette connexion en cherchant à susciter des émotions spécifiques chez leur public.

La peur, par exemple, peut inciter les gens à prendre des mesures rapides pour éviter les conséquences redoutées.

Les publicités qui montrent des scénarios d'urgence ou de danger utilisent cette émotion pour inciter à l'achat impulsif.

De même, la promesse de prestige social ou de désir d'appartenance peut susciter le désir chez les individus de se conformer aux attentes manipulatrices.

L'effet de la preuve sociale repose sur notre tendance à prendre exemple sur les autres lorsqu'il s'agit de prendre des décisions.

Les manipulateurs utilisent cet effet en présentant des témoignages de personnes satisfaites ou en faisant référence à des tendances populaires.

Par exemple, lorsque nous voyons d'autres personnes adopter un comportement particulier, nous avons tendance à supposer que c'est la chose à faire et à suivre le mouvement.

La complaisance, ou la tendance à céder aux demandes d'autrui, peut également être utilisée par les manipulateurs pour obtenir ce qu'ils veulent.

Par exemple, ils peuvent initialement demander quelque chose de petit et de raisonnable, puis augmenter progressivement leurs demandes. Du coup, les individus peuvent se sentir obligés d'accepter en raison de leur engagement initial et du sentiment de réciprocité.

En explorant ces bases psychologiques de la manipulation, nous nous dotons d'une défense déterminante contre les tentatives de persuasion mal intentionnées.

Comprendre pourquoi nous réagissons d'une certaine manière aux tactiques manipulatrices nous permet de développer une pensée critique et de remettre en question nos réactions automatiques.

En fin de compte, cela nous aide à prendre des décisions plus éclairées et à naviguer dans un monde où la manipulation est omniprésente.

L'une des subtilités les plus puissantes de la psychologie humaine est la manière dont notre esprit traite l'information.

Les biais cognitifs, ces raccourcis mentaux qui nous aident à naviguer dans un monde complexe, peuvent également nous exposer à des manipulations insidieuses.

Parmi eux, le biais de confirmation se distingue comme une force particulièrement influente, façonnant la manière dont nous traitons l'information et prenons des décisions.

En fait, le biais de confirmation réside dans notre tendance naturelle à rechercher des informations qui confirment ce que nous croyons déjà. Tout simplement, parce que plutôt que d'examiner objectivement toutes les données disponibles, nous avons tendance à choisir sélectivement celles qui confortent nos opinions préexistantes.

Tout simplement parce que ce biais est alimenté par le désir inconscient de maintenir une cohérence interne et de renforcer notre propre vision du monde.

Le biais de confirmation peut renforcer nos croyances et opinions, même si elles ne sont pas basées sur des faits solides.

En effet, lorsque nous ne sommes exposés qu'à des informations qui confirment ce que nous croyons, nous risquons de passer à côté de perspectives alternatives ou de preuves contraires.

Cette tendance peut nous enfermer dans une sorte de bulle cognitive, où nous sommes entourés uniquement d'idées qui renforcent nos convictions, sans confrontation avec des opinions divergentes.

Du reste, les manipulateurs habiles ont bien compris tout l'intérêt de la puissance du biais de confirmation et l'utilisent pour orienter notre perception.

En présentant sélectivement des informations qui soutiennent leur point de vue ou leur objectif, ils peuvent renforcer notre croyance en leur message.

C'est la raison pour laquelle les publicités utilisent souvent ce moyen en mettant en avant des témoignages et des anecdotes positifs pour encourager les consommateurs à adopter leur produit ou service.

Comprendre ce principe est une première étape importante pour résister à la manipulation.

En étant conscients de notre tendance naturelle à rechercher la confirmation de nos croyances, nous pouvons prendre des mesures pour diversifier nos sources d'information et remettre en question nos propres opinions.

A cet égard, il est important de rester ouvert à l'examen critique et de chercher activement des points de vue différents pour obtenir une image plus nuancée.

En fin de compte, le biais de confirmation rappelle que la manipulation ne se produit pas uniquement en raison d'une intention malveillante.

Tout simplement parce que notre propre psychologie peut nous amener à accepter des informations trompeuses sans même le réaliser.

C'est pourquoi, en développant une pensée critique et une conscience de nos réactions automatiques, nous nous dotons d'un outil essentiel pour résister à la manipulation et prendre des décisions plus éclairées.

*
* *

Manipulation dans l'histoire

L'histoire humaine est parsemée d'exemples fascinants où la manipulation a joué un rôle déterminant dans la façon dont les événements se sont déroulés.

Des récits de conquêtes militaires aux stratégies politiques élaborées, la manipulation a souvent servi de levier pour façonner des destinées individuelles et collectives.

En explorant ces moments clés, nous pouvons mieux comprendre comment la manipulation a été utilisée pour influencer les masses, consolider le pouvoir et même changer le cours de l'Histoire.

Un des exemples les plus marquants de manipulation dans l'histoire est l'utilisation de la propagande par les régimes totalitaires.

Des figures telles que Joseph Staline et Adolf Hitler ont compris le pouvoir de la manipulation de l'opinion publique pour consolider leur emprise sur le pouvoir.

Ils ont employé des techniques sophistiquées de communication visuelle et verbale pour créer une image idéalisée d'eux-mêmes et diaboliser les ennemis, tout en dissimulant les vérités gênantes.

Cette manipulation a conduit à des conséquences tragiques, transformant des nations entières en instruments de leur volonté.

La manipulation a également façonné les relations diplomatiques et géopolitiques. C'est ainsi que les dirigeants ont souvent utilisé des manœuvres sournoises pour gagner l'avantage dans les négociations internationales.

Un exemple emblématique est la course entre l'Empire Britannique et l'Empire Russe au 19ème siècle, où les deux puissances ont rivalisé pour étendre leur influence en Asie centrale. A cette époque, les agents secrets et les diplomates ont employé des tactiques de désinformation et d'intrigue pour manipuler les acteurs locaux et internationaux.

Les conflits militaires ont également été le terrain de jeu de la manipulation.

Les campagnes de guerre psychologique visent à influencer l'ennemi en utilisant des messages trompeurs, des menaces et des rumeurs pour semer la confusion et la désorganisation.

Durant la seconde guerre mondiale, les Alliés ont utilisé des tracts, des fausses nouvelles et même des enregistrements radio pour affaiblir le moral des troupes ennemies et susciter la désertion.

Ces exemples historiques nous rappellent que la manipulation n'est pas un phénomène nouveau mais plutôt une stratégie ancienne utilisée pour obtenir des avantages.

Ils soulignent également les dangers inhérents à l'utilisation malveillante de la manipulation, que ce soit pour consolider le pouvoir, pour mener à des conflits dévastateurs ou pour créer des régimes oppressifs.

En étudiant ces moments de manipulation dans l'histoire, nous pouvons tirer des leçons importantes sur la nécessité de la vigilance et de la pensée critique.

En effet, la manipulation a souvent prospéré lorsque les individus ont été influencés par des émotions, des préjugés et des croyances préexistantes.

C'est pourquoi la compréhension de ces dynamiques nous aide à reconnaître les schémas manipulatifs dans notre propre époque et à nous défendre contre les tentatives de contrôles et d'influence malveillante.

En fait, l'Histoire est parsemée d'exemples saisissants de manipulation, où des dirigeants et des mouvements ont utilisé habilement la persuasion pour façonner l'opinion publique et réaliser leurs objectifs.

Parmi les méthodes les plus remarquables, la propagande politique occupe une place centrale, illustrant comment les messages soigneusement conçus peuvent influencer les masses à grande échelle.

L'un des exemples les plus sombres de manipulation à grande échelle est la propagande nazie pour la Seconde Guerre mondiale. En effet, le régime d'Adolf Hitler a utilisé des techniques de propagande sophistiquées pour construire un culte de la personnalité autour du Führer, diaboliser les groupes ciblés et glorifier les valeurs du national-socialisme.

Des affiches graphiquement percutantes, des discours émotionnels et même des films ont été utilisés pour susciter l'adhésion aveugle et le soutien fanatique du peuple allemand.

En Chine, la Révolution culturelle (1966-1976) a été caractérisée par une manipulation politique intense sous la direction de Mao Zedong.

Son culte de la personnalité a été amplifié à travers des affiches, des slogans et des discours visant à maintenir son statut de figure quasi-divine.

La jeunesse chinoise a été incitée à se dresser contre les éléments perçus comme « réactionnaires », contribuant à une période de turbulence et de division.

Cependant, la manipulation ne se limite pas toujours à des intentions malveillantes.

C'est ainsi que pendant la Grande Dépression aux Etats-Unis, le président Franklin D. Roosevelt a utilisé la radio, à travers ses célèbres discours « au coin du feu », pour rassurer et encourager le peuple américain.

En utilisant un langage simple et emphatique, il a créé un sentiment de connexion personnelle avec les citoyens et les a encouragés à avoir confiance en l'avenir malgré les difficultés économiques.

Ces exemples historiques de manipulation mettent en évidence la puissance des messages bien ciblés et la manière dont ils peuvent influencer la perception et les actions d'un grand nombre de personnes.

Ils soulignent également les conséquences profondes que peut avoir la manipulation, qu'elle soit utilisée pour le bien ou pour le mal.

Etudier ces exemples nous rappelle l'importance d'être vigilants face aux discours simplistes et émotionnels.

Ne perdons surtout pas de vue que la manipulation politique peut souvent se cacher derrière des promesses séduisantes et la compréhension de ces mécanismes nous aide à questionner les messages, à rechercher des informations vérifiables et à prendre des décisions éclairées.

De même, ne perdons pas de vue que les enseignements de l'histoire nous rappellent que la manipulation peut avoir un impact durable sur les sociétés et qu'une pensée critique est essentielle pour résister à ses tactiques.

Il faut savoir que les périodes marquantes de l'histoire humaine ont été façonnées nous seulement par des décisions politiques et des événements, mais également par l'utilisation habile de la manipulation pour influencer les masses.

A cet égard, les régimes totalitaires et les campagnes de guerre ont été des moments clés où des techniques de manipulation sophistiquées ont été déployées pour réaliser des objectifs politiques, mobiliser les populations et contrôler l'opinion publique.

Les régimes totalitaires ont souvent cherché à exercer un contrôle absolu sur l'information qui parvient à la population.

Du reste, la censure sélective a toujours été une arme clé, éliminant toute information jugée menaçante pour le régime en place.

Les journaux, la radio, la télévision et même l'éducation, étaient manipulés pour propager la propagande du régime, formant une version soigneusement construite de la réalité.

En supprimant l'accès à des informations indépendantes, ces régimes ont manipulé la perception publique et consolidé leur pouvoir.

C'est ainsi que les régimes totalitaires ont souvent diabolisé des groupes spécifiques pour détourner l'attention des problèmes internes et unifier la population contre un ennemi commun.

Des discours de haine et des stéréotypes négatifs ont été amplifiés pour justifier des mesures discriminatoires ou même violentes à l'encontre de ces groupes.

Du coup, cette manipulation a exploité les peurs et les préjugés existants pour créer un sentiment de solidarité envers le régime.

Les campagnes de guerre ont également été des terrains fertiles pour la manipulation.

Les techniques de désinformation étaient utilisées pour semer la confusion chez l'ennemi et dans la population civile.

C'est ainsi que des fausses nouvelles, des tracts trompeurs et des rumeurs ont été déployés pour déstabiliser l'adversaire et altérer sa perception des événements.

Avec à la clé, des conséquences concrètes sur le terrain, influençant les décisions tactiques et stratégiques.

Nous le comprenons bien, l'analyse de ces techniques de manipulation historiques met en lumière la puissance de l'information et de la perception dans la manipulation des masses.

Ces exemples nous rappellent la nécessité d'une pensée critique et d'une évaluation minutieuse des sources d'information.

Ils soulignent également les dangers de la manipulation lorsque des informations sont contrôlées par des intérêts politiques ou idéologiques.

Du coup, en étudiant ces périodes clés de l'histoire, nous renforçons notre capacité à reconnaître les tactiques manipulatrices dans le monde contemporain.

Cela nous incite également à défendre l'accès à l'information indépendante, à promouvoir la transparence et à préserver les valeurs fondamentales de la démocratie et de la liberté d'expression.

*
*   *

Manipulation dans les médias

A l'ère de la technologie numérique et des médias sociaux, la manipulation a trouvé de nouveaux terrains fertiles pour s'épanouir.

Les médias modernes, avec leur capacité à atteindre instantanément un public mondial, ont amplifié les techniques de manipulation et ont créé des défis complexes pour la manière dont nous traitons l'information et percevons le monde qui nous entoure.

C'est ainsi que les médias modernes ont donné naissance à un phénomène inquiétant : la désinformation à grande échelle.

Du reste, les plateformes en ligne facilitent la diffusion rapide de fausses nouvelles et de théories du complot, exploitant notre tendance à réagir rapidement à des titres sensationnels sans vérifier les sources.

Les manipulateurs utilisent ces fausses informations pour semer la confusion, polariser les opinions et influencer les événements.

Les plateformes de médias sociaux et les moteurs de recherche utilisent des algorithmes sophistiqués pour recommander du contenu aux utilisateurs.

Cependant, ces algorithmes peuvent également être exploités pour manipuler les préférences et les opinions.

En montrant aux utilisateurs un contenu similaire à ce qu'ils ont déjà consommé, les plateformes peuvent créer des bulles de filtrage où les individus ne sont exposés qu'à des points de vue similaires, renforçant ainsi leurs croyances existantes.

A l'heure actuelle, les médias utilisent habilement les émotions pour encourager l'engagement.

Les titres provocateurs, les images saisissantes et les contenus émotionnels sont conçus pour susciter des réactions rapides et impulsionnelles.

Les articles et les vidéos virales tirent parti de nos réactions émotionnelles, incitant souvent à partager du contenu sans même le vérifier, amplifiant ainsi la propagation de la manipulation.

Ce qui fait que la manipulation dans les médias soulève des préoccupations majeures pour la société contemporaine.

Pourtant, il existe des moyens de se défendre contre ces procédés.

La pensée critique, la vérification des sources et l'éducation médiatique sont essentielles pour reconnaître la désinformation et les tentatives de manipulation.

Les plateformes en ligne et les entreprises de médias doivent également prendre des mesures pour limiter la propagation de la désinformation et promouvoir des informations fiables.

La manipulation dans les médias modernes nous rappelle que nous avons tous un rôle à jouer dans la préservation de l'intégrité de l'information.

En remettant en question les sources, en recherchant des informations vérifiables et en tenant compte de diverses perspectives, nous pouvons devenir des consommateurs d'informations plus avertis.

Collectivement, nous pouvons encourager la transparence et la responsabilité dans les médias modernes, renforçant ainsi notre résistance aux tentatives de manipulation.

Car l'avènement de la technologie numérique a révolutionné la manière dont nous accédons, partageons et consommons l'information.

Cependant, cette révolution a également créé de nouvelles opportunités pour les manipulateurs de façonner l'opinion publique et de diffuser des messages trompeurs à grande échelle.

En fait, les médias numériques ont rendu la diffusion de l'information instantanée.

Les actualités, les rumeurs et les contenus viraux peuvent atteindre des millions de personnes en quelques instants.

Cette rapidité de diffusion est exploitée par les manipulateurs pour propager rapidement des informations fausses ou trompeuses avant qu'elles ne puissent être vérifiées, créant ainsi un environnement propice à la désinformation.

Les médias numériques ont également introduit la possibilité de micro-ciblage et de personnalisation des messages.

Les publicités et les contenus peuvent être adaptés en fonction des préférences et des comportements individuels des utilisateurs.

C'est pourquoi les manipulateurs exploitent cette fonctionnalité pour cibler spécifiquement des groupes démographiques ou des individus vulnérables, renforçant ainsi leur impact en ajustant les messages pour maximiser leur résonnance.

La viralité est une caractéristique clé des médias numériques.

Les contenus qui suscitent des émotions fortes, qu'elles soient positives ou négatives, ont tendance à être partagé massivement.

C'est pourquoi les manipulateurs utilisent cette dynamique pour créer des contenus sensationnels, provocateurs ou émotionnels, qui sont ensuite diffusés rapidement à travers les réseaux sociaux.

Cette amplification peut donner l'illusion de légitimité à des informations trompeuses.

Les technologies numériques ont également rendu possible la création de contenu visuel et audio sophistiqué, y compris les deepfakes.

Les manipulateurs peuvent utiliser ces techniques pour créer des vidéos et des enregistrements audio qui semblent authentiques, mais qui sont en réalité fabriqués de toutes pièces.

Cela soulève des inquiétudes quant à la capacité de créer des discours et des preuves fictifs pour manipuler l'opinion publique.

L'intensification de la manipulation grâce à la technologie numérique pose des défis significatifs à la société contemporaine.

La désinformation, les théories du complot et les campagnes de manipulation peuvent se propager rapidement et atteindre un public mondial.

Cependant, les efforts pour contrer ces défis ne sont pas vains. En effet, la promotion de l'éducation médiatique, la vérification des faits, la responsabilité des plateformes en ligne et des gouvernements, ainsi que la sensibilisation du public sont des éléments clés pour combattre la manipulation numérique.

En comprenant comment les technologies numériques sont exploitées à des fins manipulatrices, nous pouvons devenir des consommateurs d'informations plus critiques et résilients, pour contribuer ainsi à préserver l'intégrité de l'espace médiatique.

En effet, l'émergence des médias numériques et des plateformes de médias sociaux a révolutionné la manière dont l'information est diffusée, partagée et consommée. Cependant, cette révolution a également ouvert la porte à de nouvelles formes de manipulation et de désinformation, qui peuvent avoir des effets profonds sur l'opinion publique et la prise de décision.

Les « fake news » ou fausses informations, sont des contenus trompeurs, souvent fabriqués intentionnellement, et diffusés en ligne dans le but de tromper ou de manipuler les lecteurs. Ces informations erronées, présentées comme des faits, peuvent se propager rapidement grâce aux partages sur les réseaux sociaux, aux algorithmes de recommandation et à la vitesse à laquelle les informations circulent en ligne.

Les campagnes de désinformation en ligne vont au-delà des simples "fake news". Elles impliquent souvent des efforts coordonnés pour répandre de fausses informations dans le but de promouvoir des idées, d'influencer des élections, de discréditer des adversaires ou de semer la confusion. Ces campagnes peuvent être menées par des acteurs étatiques, des groupes d'intérêt, des individus ou des organisations cherchant à manipuler l'opinion publique à grande échelle.

Les « fake news » et les campagnes de désinformation ont un impact significatif sur l'opinion publique et la prise de décision. Lorsque de fausses informations se répandent rapidement et sont partagées massivement, elles peuvent façonner les opinions, les attitudes et les croyances des individus. Les fausses informations peuvent renforcer les biais préexistants, alimenter la polarisation et contribuer à la propagation de la désinformation.

La diffusion de ces « fake news » pose le défi de distinguer la vérité de la désinformation. Les sources crédibles peuvent être noyées parmi des sites sensationnalistes et peu fiables. Les individus peuvent être confrontés à une surcharge d'informations et à une désorientation face à la vérité. En conséquence, il devient essentiel pour les consommateurs d'informations en ligne de développer des compétences en évaluation des sources et en vérification des faits.

A cet égard, les effets des campagnes de désinformation en ligne ne se limitent pas aux individus. Ces campagnes peuvent avoir des répercussions sociales et politiques importantes. Elles peuvent influencer les résultats des élections, déstabiliser les sociétés et saper la confiance dans les médias et les institutions. Lorsque les fausses informations sont amplifiées par des algorithmes de recommandation, elles peuvent créer des bulles d'information et renforcer les convictions erronées.

La lutte contre les « fake news » et les campagnes de désinformation nécessite une approche multifacette. Les plateformes de médias sociaux doivent renforcer leurs efforts pour détecter et signaler les contenus trompeurs. Les individus doivent être encouragés à développer leur pensée critique, à vérifier les informations avant de les partager et à diversifier leurs sources d'information.

En somme, les campagnes de désinformation en ligne et les "fake news" représentent un défi majeur pour la société contemporaine. En comprenant les mécanismes de diffusion de la désinformation et en développant des compétences en évaluation des informations en ligne, les individus peuvent contribuer à atténuer les effets négatifs de la manipulation en ligne et à promouvoir un environnement d'information plus éclairé et plus fiable.

*

*   *

Manipulation dans le marketing et la publicité

Le monde du marketing et de la publicité est un terrain fertile pour la manipulation. Les professionnels du marketing ont recours à une gamme de techniques sophistiquées pour influencer les comportements des consommateurs, susciter des désirs et générer des ventes. En comprenant ces méthodes, nous pouvons mieux discerner les tactiques utilisées pour nous persuader d'acheter des produits et services.

Une des principales tactiques de manipulation dans le marketing est la création de besoins artificiels. Les publicités sont conçues pour susciter un sentiment de manque ou d'insatisfaction, même pour des produits dont nous n'avions jamais ressenti le besoin auparavant. Les techniques visuelles et narratives sont utilisées pour évoquer des émotions positives associées à l'utilisation du produit, incitant ainsi les consommateurs à croire que le produit est essentiel à leur bien-être.

Les publicités jouent souvent sur les émotions pour attirer l'attention et influencer les comportements. Des images et des scénarios émotionnels sont utilisés pour créer des liens émotionnels entre le produit et les consommateurs. Des publicités mettant en avant des moments de bonheur, de connexion ou de réussite personnelle peuvent inciter les consommateurs à associer ces émotions au produit, ce qui renforce leur motivation à acheter.

Les témoignages de clients satisfaits et l'utilisation de la preuve sociale sont des méthodes de manipulation couramment employées. Les entreprises présentent des cas de réussite et des témoignages positifs pour démontrer la valeur et l'efficacité de leurs produits. En utilisant la psychologie de la conformité sociale, elles cherchent à influencer les consommateurs en leur montrant que d'autres personnes ont déjà adopté le produit.

La création d'un sentiment d'urgence et de rareté est une autre technique de manipulation dans le marketing. Des expressions telles que "offre limitée dans le temps" ou "quantités limitées disponibles" peuvent inciter à l'achat impulsif en créant une pression pour agir rapidement. Les consommateurs sont amenés à craindre de manquer une opportunité unique.

L'examen de la manipulation dans le marketing souligne l'importance de la vigilance en tant que consommateurs. Comprendre les techniques utilisées pour influencer nos choix nous permet de prendre des décisions plus éclairées. La pensée critique et la remise en question des messages publicitaires sont des compétences essentielles pour résister aux tactiques manipulatrices et pour faire des choix qui correspondent réellement à nos besoins et à nos valeurs.

L'industrie du marketing et de la publicité a affiné au fil des années un ensemble de procédés sophistiqués visant à influencer les comportements des consommateurs. En examinant de plus près ces stratégies, il devient évident que la manipulation est profondément enracinée dans le tissu même de ces industries, où chaque détail, chaque mot et chaque image sont minutieusement conçus pour susciter des désirs et pousser à l'action.

Création d'émotions et d'aspirations

L'une des tactiques les plus puissantes consiste à créer des émotions et des aspirations chez les consommateurs. Les publicités utilisent des scénarios soigneusement élaborés pour évoquer des émotions positives telles que le bonheur, la confiance en soi et la réussite. Les images de personnes heureuses, de familles unies ou de personnes accomplies sont associées au produit ou au service, suggérant que la possession de ce produit conduira à ces émotions désirées.

La manipulation dans le marketing peut également prendre la forme de l'utilisation de la peur et du problème-solution. Les publicités peuvent mettre en évidence les conséquences négatives de ne pas posséder le produit ou de ne pas utiliser le service. En créant un sentiment d'urgence lié à un problème, puis en proposant le produit comme la solution incontournable, les marques incitent les consommateurs à agir pour éviter les conséquences redoutées.

L'effet de l'autorité et de la célébrité

L'autorité et la célébrité sont des leviers couramment utilisés pour influencer les comportements d'achat. Les publicités présentent souvent des experts ou des personnalités renommées approuvant un produit, créant ainsi un sentiment de légitimité. Lorsque les consommateurs voient des figures d'autorité ou des célébrités faisant la promotion d'un produit, ils sont plus enclins à croire que le produit est digne de confiance et d'intérêt.

Les techniques de manipulation dans le marketing explorent également les besoins humains d'appartenance et d'identité. Les publicités visent à créer un sentiment d'appartenance en mettant en scène des groupes de personnes partageant le même intérêt pour le produit. Elles suggèrent que l'achat du produit peut aider les consommateurs à se sentir inclus dans une communauté ou à exprimer leur identité d'une manière spécifique.

Les incitations et les récompenses sont couramment utilisées pour influencer les comportements des consommateurs. Les promotions, les offres spéciales et les réductions temporaires créent un sentiment d'urgence pour acheter, en suggérant que les consommateurs obtiendront un avantage significatif en agissant rapidement. Cette méthode peut encourager les achats impulsifs basés sur la perspective de gains immédiats.

Décortiquer ces tactiques de manipulation dans le marketing et la publicité souligne l'importance de la vigilance du consommateur. En comprenant les mécanismes sous-jacents utilisés pour influencer les comportements, les consommateurs peuvent prendre des décisions plus éclairées et résister aux tentatives de manipulation. La pensée critique, la recherche d'informations indépendantes et la considération des motivations derrière les messages publicitaires sont des compétences cruciales pour naviguer dans un monde où la manipulation commerciale est omniprésente.

Dans le monde du marketing et de la publicité, les stratégies de manipulation sont méticuleusement conçues pour influencer les comportements des consommateurs.

Trois de ces stratégies clés sont l'utilisation de la peur, l'exploitation de l'aspiration sociale et la création de besoins artificiels.

La peur est une émotion puissante qui peut être utilisée pour inciter à l'action. Les publicités utilisent souvent la peur pour mettre en évidence les conséquences négatives de ne pas posséder un produit ou de ne pas utiliser un service. Par exemple, une publicité pour des produits de soins de la peau pourrait montrer les effets vieillissants du soleil sur la peau, induisant la crainte chez les consommateurs de ne pas prendre soin de leur apparence. En associant le produit à la solution de ce problème redouté, les marques encouragent les consommateurs à agir pour éviter ces conséquences négatives.

Les aspirations sociales sont des désirs profonds de faire partie d'un groupe ou de refléter certaines valeurs et modes de vie. Les publicités exploitent ces aspirations en présentant des scénarios de vie idéalisés et en associant leurs produits à ces visions. Par exemple, une publicité pour une voiture de luxe pourrait montrer un individu conduisant cette voiture dans un environnement sophistiqué, créant ainsi un lien entre le produit et l'aspiration d'appartenir à une classe sociale privilégiée. Les consommateurs sont ainsi incités à acheter le produit pour se rapprocher de l'idéal projeté.

Les stratégies de marketing peuvent également créer des besoins artificiels en suscitant le désir pour des produits ou services qui n'étaient pas nécessaires auparavant. Les publicités montrent souvent comment un produit peut résoudre un problème mineur ou répondre à un besoin dont les consommateurs n'avaient pas conscience. Par exemple, une publicité pour une nouvelle application de planification de repas pourrait exagérer les défis liés à la préparation des repas et présenter le produit comme la solution ultime pour un problème qui pourrait être résolu de manière plus simple.

Ces stratégies de manipulation jouent sur les émotions, les désirs et les vulnérabilités des consommateurs. ***Elles peuvent créer une sensation d'urgence, de désir immédiat ou de peur, poussant les consommateurs à prendre des décisions d'achat impulsives***. Les consommateurs peuvent être incités à acheter des produits dont ils n'ont pas réellement besoin, simplement parce qu'ils sont convaincus par la puissance des messages manipulatifs.

La compréhension de ces stratégies de manipulation dans le marketing est cruciale pour renforcer la pensée critique des consommateurs. En reconnaissant ces tactiques, les consommateurs peuvent remettre en question les motivations derrière les messages publicitaires, évaluer objectivement leurs besoins et prendre des décisions d'achat éclairées. La conscience de ces stratégies peut permettre aux consommateurs de reprendre le contrôle de leurs décisions d'achat, en refusant d'être influencés par des tactiques manipulatrices et en privilégiant des choix qui reflètent leurs réels besoins et valeurs.

*

*   *

Conséquences de la manipulation

La manipulation peut sembler être une stratégie efficace pour atteindre des objectifs à court terme, mais elle comporte des conséquences profondes qui s'étendent bien au-delà des résultats immédiats. Des effets nuisibles se font sentir dans les sphères personnelles, interpersonnelles et sociétales, mettant en péril la confiance, la stabilité et les valeurs fondamentales.

Pour les individus manipulés, les conséquences peuvent être émotionnelles et psychologiques. Ils peuvent ressentir de la confusion, de la méfiance et même de la détresse en réalisant qu'ils ont été trompés. La manipulation peut également éroder l'estime de soi et la confiance en ses propres capacités de jugement, laissant les victimes se sentir vulnérables et impuissantes.

La manipulation a des répercussions destructrices sur les relations interpersonnelles. Qu'il s'agisse d'amitiés, de partenariats ou de relations familiales, la découverte de la manipulation peut conduire à une perte de confiance et à un sentiment de trahison. Les liens qui étaient autrefois basés sur la sincérité et l'authenticité sont souvent endommagés de manière irréversible.

La manipulation peut également toucher les entreprises et les institutions. Les entreprises qui utilisent des tactiques manipulatrices dans le marketing et la publicité risquent de ternir leur réputation à long terme. Les clients qui se sentent trompés ou manipulés peuvent se désengager et chercher des alternatives plus éthiques. De plus, les entreprises qui se livrent à des pratiques manipulatrices risquent des poursuites juridiques et des sanctions réglementaires.

A l'échelle de la société, la manipulation peut saper la confiance envers les institutions, les médias et les leaders. Lorsque les gens perçoivent que les informations et les discours sont manipulés à des fins cachées, cela peut conduire à la désillusion et à la polarisation. La manipulation de l'opinion publique peut également compromettre la prise de décisions éclairées, sapant ainsi la démocratie et l'intégrité des processus politiques.

Ces conséquences mettent en évidence l'importance cruciale de l'éthique et de la transparence dans toutes les sphères de la vie. Les individus, les entreprises et les institutions doivent prendre conscience des dommages potentiels causés par la manipulation et s'engager à agir avec intégrité. L'adoption de pratiques éthiques dans la communication, le marketing et les interactions interpersonnelles est essentielle pour construire des relations durables et pour préserver la confiance dans une société diversifiée et interconnectée.

En fin de compte, comprendre les conséquences de la manipulation nous encourage à être plus conscients de nos propres actions et à choisir des voies qui privilégient l'honnêteté, la confiance mutuelle et le respect des droits et des choix individuels.

En fait, la manipulation exerce un impact profond sur la société, créant des conséquences à la fois immédiates et durables qui touchent à la confiance, à l'intégrité et à la stabilité des institutions et des médias.

A court terme, la manipulation peut sembler réussir en atteignant des objectifs spécifiques. Les messages manipulés peuvent influencer l'opinion publique, générer des réactions immédiates et stimuler les comportements attendus. Cependant, ces résultats éphémères sont souvent obtenus au prix de la distorsion de la vérité, de la suppression de la diversité des opinions et de la manipulation des émotions du public.

A long terme, elle peut entraîner une perte significative de confiance dans les institutions gouvernementales, politiques et sociales. Lorsque les individus réalisent qu'ils ont été manipulés ou trompés par des leaders, des gouvernements ou des organisations, cela peut générer un sentiment de désillusion et de cynisme. La confiance, qui est essentielle au bon fonctionnement de toute société, est érodée, affaiblissant ainsi les bases sur lesquelles reposent les interactions humaines.

La manipulation contribue également à la désinformation à long terme. Lorsque la manipulation est tolérée ou même encouragée, elle ouvre la porte à la propagation de fausses informations, alimentant la polarisation et la fragmentation de la société. Les individus peuvent se retrouver dans des bulles d'information, ne s'exposant qu'à des points de vue qui renforcent leurs croyances existantes. Cette fragmentation entrave le dialogue constructif et l'échange d'idées, conduisant à une société divisée et méfiante.

Les médias, qui jouent un rôle vital dans la diffusion d'informations objectives et vérifiées, peuvent également souffrir des effets à long terme de la manipulation. Lorsque les médias sont perçus comme des vecteurs de manipulation plutôt que comme des sources fiables, la crédibilité des institutions médiatiques est mise en doute. Cette perte de confiance compromet la capacité des médias à remplir leur rôle de quatrième pouvoir et à fournir une information équilibrée et éclairante.

La restauration de la confiance et la prévention des effets à long terme de la manipulation nécessitent des efforts concertés. Promouvoir l'éducation médiatique est essentiel pour aider les individus à développer des compétences critiques en matière de consommation d'informations, en leur apprenant à discerner les sources fiables des informations trompeuses. Les institutions et les médias doivent également s'engager à l'honnêteté, à la transparence et à l'intégrité, en adoptant des pratiques éthiques qui renforcent la confiance du public

En fin de compte, l'analyse des effets à court et à long terme de la manipulation sur la société souligne la nécessité de préserver la vérité, l'intégrité et la diversité des opinions. La confiance est le ciment qui maintient une société ensemble, et son érosion due à la manipulation peut avoir des conséquences durables sur la stabilité et la cohésion de la société dans son ensemble.

La découverte que l'on a été manipulé peut avoir des effets profonds sur le bien-être émotionnel et psychologique des individus. Le choc, la confusion et la remise en question de la réalité peuvent entraîner une série de réactions et de sentiments complexes qui peuvent persister à long terme.

Lorsqu'une personne réalise qu'elle a été manipulée, elle peut éprouver un sentiment profond de trahison. La confiance qui a été établie est brisée, et cela peut générer des émotions telles que la colère, la déception et la frustration. La personne peut se sentir trompée et utilisée, ce qui peut endommager sa perception des autres et l'amener à être plus méfiante dans ses interactions futures.

Les individus qui ont été manipulés peuvent également ressentir de la culpabilité et de la honte. Ils peuvent se blâmer eux-mêmes pour avoir été dupes ou pour avoir fait confiance à des sources peu fiables. Cette culpabilité peut être renforcée par le sentiment d'avoir été pris au piège et d'avoir agi contre leur propre jugement. La honte peut découler de la perception d'avoir été faible ou vulnérable.

La manipulation peut avoir un impact sur l'estime de soi. Les individus peuvent se sentir incompétents ou insuffisants d'avoir été manipulés. Le fait de réaliser qu'ils n'ont pas reconnu les signes de manipulation peut renforcer leur sentiment d'impuissance et de vulnérabilité. Cela peut également influencer leur confiance en leurs propres capacités de jugement et de prise de décision.

Elle peut semer le doute dans l'esprit des individus. Ils peuvent commencer à remettre en question leur perception de la réalité et de la vérité. La réalisation qu'ils ont été exposés à de fausses informations ou à des discours biaisés peut les amener à remettre en question d'autres croyances et informations qu'ils ont acquises. Cette remise en question de la réalité peut provoquer de l'anxiété et de la confusion.

Pourtant, les individus ont également la capacité de se rétablir et de développer une résilience face à ces répercussions psychologiques. Reconnaître qu'ils ont été manipulés est la première étape pour retrouver leur pouvoir personnel. Le soutien social, la réflexion personnelle et l'acquisition de compétences en pensée critique peuvent aider à surmonter les effets négatifs de la manipulation.

La compréhension des répercussions psychologiques de la manipulation souligne l'importance de promouvoir la sensibilisation et l'éducation en matière de pensée critique et d'évaluation des informations. En donnant aux individus les outils nécessaires pour identifier les tactiques manipulatrices, ils peuvent se protéger contre la manipulation future et réduire les effets psychologiques négatifs en cas de découverte.

En fin de compte, la prise de conscience de l'impact psychologique de la manipulation souligne la nécessité d'encourager une culture de l'honnêteté, de la transparence et de la communication ouverte, où les individus sont en mesure de prendre des décisions éclairées et de construire des relations fondées sur la confiance mutuelle.

*

*   *

Stratégies pour contrer la manipulation

Face à la manipulation omniprésente dans la société moderne, il est crucial de développer des stratégies pour se protéger et contrer les tentatives de manipulation. En renforçant notre pensée critique, en améliorant notre éducation médiatique et en favorisant la transparence, nous pouvons devenir des consommateurs d'informations plus avertis et des individus plus résilients.

L'une des stratégies les plus efficaces pour contrer la manipulation est d'améliorer notre éducation médiatique et notre pensée critique. Nous devons apprendre à évaluer de manière objective les informations que nous rencontrons, à identifier les sources fiables et à détecter les signes de manipulation. L'éducation médiatique peut nous aider à comprendre les techniques utilisées pour influencer nos opinions, nous rendant plus résistants aux tentatives de manipulation.

La vérification des faits est une étape essentielle pour contrer la manipulation. Avant de croire ou de partager une information, il est important de prendre le temps de vérifier sa véracité auprès de sources fiables. La recherche indépendante nous permet de remettre en question les informations trompeuses et de prendre des décisions éclairées basées sur des preuves solides.

A cet égard, la transparence est une arme puissante contre la manipulation. Les individus, les entreprises et les institutions doivent s'engager à être transparents dans leurs actions et leurs communications. Lorsque les intentions sont claires et que les informations sont accessibles, il devient plus difficile pour les manipulateurs de dissimuler leurs véritables motifs. La promotion de la transparence renforce également la confiance dans les relations interpersonnelles et les institutions.

En effet, les manipulateurs exploitent souvent les émotions pour influencer les comportements. En renforçant notre résilience émotionnelle, nous devenons moins susceptibles de réagir impulsivement aux messages manipulatifs. Prendre le temps de réfléchir, de réguler nos émotions et d'éviter les décisions impulsives peut nous aider à maintenir une perspective rationnelle et à éviter d'être entraînés dans des manipulations émotionnelles.

Une autre stratégie pour contrer la manipulation est de promouvoir la diversité des opinions et des sources d'information. Lorsque nous sommes exposés à une variété de points de vue, il devient plus difficile pour les manipulateurs de nous enfermer dans des bulles d'information restreintes. La diversité des opinions favorise une réflexion plus nuancée et critique.

En fin de compte, l'engagement à l'éthique personnelle est une stratégie fondamentale pour contrer la manipulation. En choisissant d'agir avec intégrité, de communiquer honnêtement et de respecter les droits et les choix des autres, nous créons un environnement où la manipulation a moins de chances de prospérer. L'éthique personnelle renforce notre propre résilience et contribue à la promotion d'une culture de confiance et de respect.

En somme, les stratégies pour contrer la manipulation reposent sur notre capacité à être vigilants, critiques et responsables dans nos interactions et notre consommation d'informations. En prenant des mesures proactives pour renforcer nos compétences en pensée critique et en éducation médiatique, nous pouvons devenir des individus capables de discerner les manipulations et de préserver l'intégrité de notre prise de décision.

*

*   *

Conseils pratiques
pour développer une pensée critique

Face à l'ubiquité de la manipulation dans notre société moderne, développer une pensée critique solide est essentiel pour protéger notre capacité à prendre des décisions éclairées et à résister aux tentatives de manipulation. Voici quelques conseils pratiques pour renforcer votre pensée critique et maintenir votre résistance face à la manipulation.

1 – Soyez conscient de vos émotions. La manipulation exploite souvent les émotions pour influencer les comportements. Prenez le temps de reconnaître vos émotions lorsque vous êtes exposé à des informations ou des messages. Si vous ressentez une forte émotion, prenez du recul avant de réagir. Identifiez pourquoi vous ressentez cette émotion et évaluez si elle peut affecter votre jugement objectif.

2 - Remettez en question les sources d'information. Avant d'accepter une information comme véridique, prenez l'habitude de vérifier la source. Recherchez des sources fiables et réputées pour confirmer les faits. Méfiez-vous des sources anonymes ou peu connues, et assurez-vous que les informations sont soutenues par des preuves solides.

3 – Vérifiez les faits. Ne prenez pas les informations à leur valeur nominale. Prenez le temps de vérifier les faits par vous-même. Utilisez des outils en ligne ou consultez plusieurs sources d'information pour confirmer les informations avant de les croire ou de les partager.

4 – Evaluez les biais potentiels. Recherchez les biais potentiels dans les informations que vous recevez. Les sources d'information peuvent avoir des motivations cachées ou des opinions préconçues qui influencent leur contenu. Prenez en compte la perspective de la source et cherchez des points de vue variés pour obtenir une image plus complète.

5 – Exercez votre esprit critique. Pratiquez l'examen attentif des informations que vous rencontrez. Posez-vous des questions telles que : quelles preuves soutiennent cette information, quels sont les arguments contraires, quel est l'intérêt de la source dans la diffusion de cette information. L'exercice régulier de votre esprit critique renforce votre capacité à identifier les manipulations.

6 – Eduquez-vous sur les techniques de manipulation. Apprenez à reconnaître les méthodes de manipulation courantes, telles que l'utilisation de la peur, de la flatterie excessive, ou la création de faux besoins. Plus vous êtes conscient de ces tactiques, plus vous serez en mesure de les repérer et de les résister.

7 – Prenez le temps de réfléchir. Lorsque vous êtes exposé à une information ou à une décision importante, prenez le temps de réfléchir avant de réagir. Ne cédez pas à la pression de décider rapidement. Prendre un moment pour réfléchir vous permet de prendre des décisions plus éclairées et moins influencées par des manipulations émotionnelles.

8 – Diversifiez vos sources d'information. Elargissez vos sources d'information pour obtenir des perspectives variées. Évitez de vous enfermer dans une seule source d'information ou une seule plateforme

médiatique. La diversité des opinions vous aidera à éviter les bulles d'information et à obtenir une vision plus équilibrée.

9 – Cultivez l'esprit critique chez les autres. Partagez vos connaissances en matière de pensée critique avec vos proches et encouragez-les à développer leurs compétences également. Créer un environnement où la réflexion critique est valorisée peut contribuer à renforcer la résistance à la manipulation à l'échelle de la société.

En suivant ces conseils pratiques, vous pouvez renforcer votre pensée critique, vous protéger contre la manipulation et devenir un consommateur d'informations plus averti.

La pensée critique est un outil puissant pour naviguer dans un monde complexe et en constante évolution, en vous permettant de prendre des décisions informées et éthiques.

Alors que nous poursuivons ce voyage à travers le monde complexe de la manipulation, il est crucial de souligner que le processus d'apprentissage et de protection ne s'arrête pas ici. La manipulation reste une réalité omniprésente dans notre société, et votre rôle en tant qu'individu informé est de continuer à cultiver votre résistance contre ses effets destructeurs.

Pour approfondir votre compréhension des techniques de manipulation, il est recommandé de continuer à explorer des ressources variées. Lisez des livres, des articles et des études académiques qui explorent en profondeur les différents aspects de la manipulation. Familiarisez-vous avec les termes et les concepts clés liés à la psychologie de la persuasion, à la désinformation et aux tactiques utilisées pour influencer les opinions.

Une approche proactive pour se protéger contre la manipulation est de développer une sensibilité aiguë aux signes d'alerte. Soyez attentif aux discours qui utilisent des émotions fortes pour vous inciter à agir, aux informations sensationnalistes qui manquent de sources crédibles, et aux tentatives de flatterie excessive ou de manipulation émotionnelle. Plus vous êtes capable de repérer ces tactiques, plus vous serez en mesure de prendre des décisions éclairées et de vous prémunir contre les influences manipulatrices.

La pensée critique est un atout inestimable dans la lutte contre la manipulation. Continuez à pratiquer l'examen attentif des informations que vous rencontrez. Posez-vous des questions sur la source, l'intention et la crédibilité des informations. Examinez les arguments des deux côtés d'une question pour obtenir une perspective équilibrée et informée.

L'éducation médiatique et la littératie numérique sont également des domaines dans lesquels il est important de continuer à investir du temps et des efforts. Explorez des programmes d'éducation médiatique, des ateliers en ligne et des ressources pédagogiques qui vous aident à développer vos compétences en évaluation des informations en ligne, en vérification des faits et en gestion de l'identité numérique.

En fin de compte, se protéger contre la manipulation est un processus continu qui nécessite un engagement constant à apprendre, à questionner et à développer vos compétences critiques. Le chemin vers une société où la manipulation a moins d'emprise commence par des individus bien informés et vigilants. En poursuivant votre quête de connaissance, vous pouvez non seulement vous protéger, mais aussi contribuer à créer un environnement où l'intégrité, la vérité et la confiance prévalent.

*

* *

Conseils pratiques
pour résister à la manipulation

Dans un monde saturé d'informations et de messages persuasifs, développer une pensée critique est essentiel pour naviguer avec assurance et résilience. La pensée critique vous permet d'évaluer de manière objective les informations, de reconnaître les tactiques manipulatrices et de prendre des décisions éclairées. Voici quelques conseils pratiques pour développer cette compétence essentielle et résister à la manipulation.

1 – Diversifiez vos sources d'information. Soyez attentif à la variété des sources d'information que vous consultez. Évitez de vous limiter à une seule perspective et explorez des médias de différentes origines et points de vue. La diversité des sources vous aide à obtenir une image plus complète et nuancée des événements.

2 – Vérifiez les faits. Avant de croire ou de partager une information, prenez le temps de vérifier les faits. Utilisez des sites de vérification des faits fiables pour confirmer l'exactitude des informations. Ne présumez pas qu'une information est vraie simplement parce qu'elle est largement partagée.

3 – Soyez conscient des biais. Reconnaissez vos propres biais cognitifs et émotionnels. Les préjugés peuvent influencer la manière dont vous interprétez l'information. Prenez du recul et examinez vos réactions émotionnelles face à une information avant de conclure.

4 – Posez des questions critiques. Adoptez une approche analytique en posant des questions telles que :

Qui bénéficie de cette information ? Quelles preuves sont fournies pour étayer les affirmations ? Existe-t-il des alternatives possibles à cette interprétation ? Les réponses à ces questions peuvent vous aider à démêler les faits des opinions.

5 – Décodez les émotions. Soyez conscient de la manière dont les messages manipulatifs tentent d'exploiter vos émotions. Si un message suscite des émotions fortes, prenez du recul et évaluez s'il essaie de vous influencer en utilisant ces émotions.

6 – Apprenez à identifier les techniques de manipulation. Familiarisez-vous avec les techniques de manipulation courantes, telles que l'utilisation de l'émotion, de la flatterie excessive, de la simplification excessive et de la création de besoins artificiels. Plus vous pouvez repérer ces techniques, plus vous pouvez vous protéger contre elles.

7 – Examinez les preuves et les sources. Lorsque vous rencontrez une affirmation, recherchez des preuves solides et des sources crédibles qui la soutiennent. Évitez de tirer des conclusions basées sur des anecdotes ou des sources peu fiables.

8 – Prenez votre temps. Ne vous précipitez pas pour réagir à une information. Prenez le temps de réfléchir, de rechercher et de réévaluer avant de former une opinion. Les manipulateurs cherchent souvent à provoquer des réactions impulsives.

9 – Eduquez-vous sur la manipulation. Apprenez davantage sur les techniques de manipulation, la psychologie de la persuasion et les mécanismes de

désinformation. La connaissance est une arme puissante pour se prémunir contre la manipulation.

10 – Pratiquez la remise en question. Cultivez une attitude de remise en question constante. Ne prenez pas les informations pour argent comptant. Plus vous êtes disposé à remettre en question, plus vous serez en mesure de résister à l'influence manipulatrice.

En développant une pensée critique solide, vous pouvez devenir un consommateur d'information averti, capable de distinguer les faits de la désinformation. En combinant ces conseils avec une éducation médiatique solide et une sensibilisation aux tactiques de manipulation, vous pouvez renforcer votre capacité à résister aux influences manipulatrices et à contribuer à la promotion d'une société plus informée et éclairée.

A une époque où l'information circule à une vitesse fulgurante à travers divers médias, développer des compétences en éducation médiatique et en littératie numérique est essentiel pour naviguer dans le paysage médiatique complexe et résister à la manipulation. Ces compétences permettent aux individus de comprendre, d'analyser et d'évaluer de manière critique les informations qui leur parviennent.

L'éducation médiatique consiste à acquérir les compétences nécessaires pour consommer, analyser et créer des médias de manière réfléchie. Elle vise à aider les individus à comprendre les intentions, les techniques et les effets des médias, ainsi qu'à développer une capacité à discerner les informations fiables des informations trompeuses.

1 – Evaluation des sources : apprendre à identifier les sources fiables et à évaluer la crédibilité des informations est fondamental. Les individus doivent être capables de distinguer entre les sources bien établies et les sources douteuses ou biaisées.

2 – Analyse du contenu : savoir décoder et analyser le contenu médiatique, y compris les messages implicites, les biais, les angles et les intentions, est essentiel pour éviter d'être influencé par des manipulations.

3 – Compréhension des techniques médiatiques : apprendre à reconnaître les techniques de manipulation courantes, telles que l'utilisation de l'émotion, de la rhétorique persuasive et des images suggestives, permet aux individus de rester vigilants face aux tactiques de manipulation.

4 – Protection de la vie privée en ligne : comprendre les enjeux de la vie privée en ligne, les risqu es de la désinformation et la manière dont les données personnelles sont utilisées par les plateformes numériques est crucial pour préserver sa propre sécurité.

La littératie numérique englobe les compétences nécessaires pour naviguer dans le monde numérique, y compris la recherche d'informations en ligne, la communication en ligne, la gestion de l'identité numérique et la protection contre les menaces en ligne.

1 – Recherche en ligne : savoir comment rechercher des informations efficacement en utilisant des moteurs de recherche et en évaluant les résultats pour s'assurer de leur pertinence et de leur fiabilité.

2 – Communication en ligne : comprendre comment communiquer de manière respectueuse et sécurisée en ligne, tout en évitant les pièges de la désinformation et des interactions manipulatrices.

3 – Gestion de l'identité numérique : apprendre à gérer sa présence en ligne, à protéger ses informations personnelles et à maintenir une réputation en ligne positive.

4 – Sécurité en ligne : comprendre les menaces en ligne, telles que les fraudes, le phishing et les cyberattaques, et savoir comment se protéger contre ces risques en adoptant de bonnes pratiques de sécurité.

Les compétences en éducation médiatique et en littératie numérique sont essentielles pour maintenir une prise de décision informée et pour prévenir la manipulation.

En développant ces compétences, les individus sont mieux préparés à naviguer dans un environnement médiatique en constante évolution, à identifier les tactiques manipulatrices et à s'engager de manière éthique dans le monde numérique. Ces compétences contribuent à renforcer la résilience individuelle et la capacité collective à contrer la désinformation et à préserver l'intégrité de l'information.

*
*   *

Les forces mentales

Préalablement, nous avons exploré comment la manipulation peut être employée comme un moyen pour atteindre des objectifs, influencer les actions et façonner les opinions. Cependant, nous avons également constaté que derrière les apparences séduisantes du succès, la manipulation porte en elle des ramifications profondes et potentiellement destructrices.

En fait, la manipulation tire sa force de la compréhension des mécanismes psychologiques qui gouvernent nos décisions et nos émotions. Les manipulateurs exploitent notre désir de sécurité, d'approbation sociale et de validation, créant ainsi des connexions émotionnelles puissantes qui peuvent contourner notre pensée rationnelle. Les exemples historiques et modernes ont montré que la manipulation a été utilisée pour susciter des révolutions, pour pousser les masses à suivre des dirigeants charismatiques et pour façonner l'opinion publique de manière ciblée.

Pourtant, au-delà de son potentiel d'influence, la manipulation est également un outil qui peut semer le chaos et détruire la confiance. Lorsque la vérité est déformée, lorsque l'information est tronquée et que les émotions sont manipulées, les fondements mêmes de la confiance sont sapés. Les individus et les sociétés peuvent se retrouver pris dans un réseau complexe de mensonges, de doutes et de désinformation, ce qui entraîne une méfiance généralisée et une dégradation des relations interpersonnelles.

C'est ainsi que la manipulation peut être particulièrement dangereuse lorsque les tactiques utilisées visent à exploiter les vulnérabilités émotionnelles ou à influencer les décisions politiques majeures. Des régimes totalitaires aux campagnes de marketing sophistiquées, la manipulation peut être utilisée pour contrôler, pour dicter les comportements et pour réécrire l'histoire.

En réfléchissant à la puissance et à la dangerosité de la manipulation, il est essentiel de se demander comment nous pouvons éviter de devenir des victimes de ces tactiques et comment nous pouvons contribuer à la promotion d'une société plus éthique et intègre. La pensée critique, la sensibilisation à nos propres émotions, et une solide éducation médiatique sont des moyens puissants de nous prémunir contre la manipulation. En tant qu'individus informés et conscients, nous pouvons poser des questions, chercher la vérité et promouvoir une culture où l'intégrité est valorisée.

En fin de compte, la manipulation est un reflet complexe de la dualité humaine, capable de générer du succès superficiel tout en sapant la véritable confiance et l'intégrité. En comprenant ses mécanismes, nous avons la possibilité de cultiver une société qui favorise la transparence, le dialogue ouvert et la réflexion critique.

*

*   *

Conclusion

En parcourant les pages de ce livre, nous avons exploré en profondeur le complexe paysage de la manipulation et son impact sur les individus, les relations, les entreprises et la société dans son ensemble. Nous avons découvert comment la manipulation peut sembler être un moyen de succès à court terme, mais qu'elle engendre des conséquences durables qui sapent la confiance, la transparence et l'intégrité.

La manipulation est un outil puissant utilisé depuis des siècles pour influencer les actions et les opinions, mais elle soulève également des questions éthiques et morales essentielles. Nous avons examiné les mécanismes psychologiques qui rendent les individus vulnérables à la manipulation, en comprenant comment la manipulation joue sur nos biais cognitifs et émotionnels. Nous avons également exploré l'histoire de la manipulation, des régimes totalitaires aux tactiques de marketing modernes, mettant en lumière les conséquences profondes de cette pratique.

La nécessité d'une pensée critique développée et d'une éducation médiatique solide est plus claire que jamais. Les compétences pour évaluer les informations, reconnaître les biais, et distinguer les faits de la désinformation sont essentielles pour naviguer dans un monde saturé d'informations. En cultivant ces compétences, nous devenons des individus capables de prendre des décisions éclairées, de protéger notre propre bien-être émotionnel et de maintenir l'intégrité de nos interactions.

Il est impératif de reconnaître que la manipulation peut être préjudiciable, non seulement sur le plan individuel, mais aussi sur le plan collectif. La perte de confiance dans les institutions, les médias et les leaders peut saper la démocratie et la cohésion sociale. Cependant, l'espoir réside dans notre capacité à résister à la manipulation en promouvant la transparence, en favorisant le dialogue ouvert et en agissant avec intégrité.

En fin de compte, ce livre nous invite à réfléchir profondément à nos propres actions et choix, à remettre en question les informations que nous recevons et à promouvoir une culture où la vérité, l'éthique et la confiance mutuelle sont valorisées. Dans un monde où la manipulation est tentante, le véritable succès réside dans la réalisation que l'intégrité et la vérité sont des fondations indispensables pour bâtir un avenir durable et éclairé.

*

*   *

www.ingramcontent.com/pod-product-compliance
Lightning Source LLC
Chambersburg PA
CBHW060755260726
48660CB00002B/634